NATIONAL GEOGRAPHIC

Celebrando a la FAMILIA

EDICIÓN PATHFINDER

Por Patricia McKissack y Elizabeth Sengel

CONTENIDO

Lazos de Familia

Por Patricia McKissack

¿Qué hace que tú seas tú?

Es posible que parte de la respuesta esté oculta en el pasado de tu familia. Aprende cómo ser tu propio detective y encuentra las pistas para tu árbol genealógico.

¿Qué ves cuando te miras en el espejo? Quizá tienes los ojos de tu abuela o la sonrisa de tu padre. Heredamos nuestra apariencia física y mucho más. De una generación a la próxima, las familias legan sus comidas, juegos, tradiciones e historias favoritas.

De hecho, el pasado de tu familia está formado por muchas historias distintas. Posiblemente hayas oído compartir estas historias en una cocina ruidosa, o las hayas escuchado contar en voz baja en un porche a la luz de la luna. ¿Quiénes fueron las abuelas de tu madre? ¿Dónde vivieron y cómo eran? Historias únicas como esta hacen que tú y tu familia sean especiales.

Detective de historias

Puede ser que la historia de tu familia sea un misterio para ti, pero no te preocupes. Puedes aprender de ella a través de la **genealogía**, que es el estudio de las personas que tienen lazos de familia contigo.

La genealogía puede ayudarte a armar el rompecabezas de tu historia familiar. Empieza con los parientes que conoces, como tus padres y abuelos. La genealogía también puede llevarte al pasado. Puedes aprender sobre parientes que vivieron y murieron mucho antes que nacieras.

Si la genealogía es como un misterio, entonces un genealogista es el detective que encuentra las pistas del pasado de tu familia. Con frecuencia, las pistas están ocultas en registros públicos, como los certificados de nacimiento, matrimonio y defunción. Algunos registros muestran cuándo emigraron las personas o cuándo arribaron a los Estados Unidos. Algunos nos dicen cuándo las personas fueron a la escuela o cuándo compraron tierras. Los periódicos, las cartas y aquellas historias que se cuentan alrededor de la mesa de la cocina también contienen pistas.

Retratos sonrientes *Estas fotos muestran a Ben Carson en ciertos momentos especiales de su vida. Los genealogistas usan imágenes como estas para trazar historias de la vida de las personas.*

Los nombres de los antepasados

El profesor Henry Louis Gates, Jr. , es un detective de historia familiar. Visitó la Isla Ellis en Nueva York, donde más de 12 millones de inmigrantes pisaron por primera vez tierra estadounidense en los siglos XIX y XX. Aunque la Isla Ellis es un gran lugar para buscar pistas, Gates no pudo encontrar registros de su familia allí porque es afroamericano. Sabía que para muchas familias afroamericanas es difícil encontrar a sus antepasados.

Los antepasados de la mayoría de los afroamericanos llegaron a los Estados Unidos a bordo de barcos de esclavos. Para ellos no hubo Isla Ellis. Una vez aquí, los propietarios de esclavos los compraban, los vendían y, a menudo, separaban a los miembros de una familia. Los dueños les daban nuevos nombres a sus esclavos. Poco a poco, se fueron perdiendo las preciosas historias de familia. Los nombres fueron olvidados.

El profesor Gates está decidido a rastrear sus raíces y ayudar a otros afroamericanos a descubrir sus historias de familia. En el programa de PBS *African American Lives*, el profesor Gates explora las historias de familia de nueve afroamericanos. Una de estas fue la historia de su amigo Ben Carson, un famoso neurocirujano (o médico del cerebro) pionero de muchos avances médicos.

Los comienzos

Ben Carson creció en la pobreza en un barrio peligroso. Su madre soltera, Sonia Copeland, tenía tres empleos. Después de la escuela, sus tías, tíos y primos le proporcionaban un lugar seguro mientras su madre trabajaba.

Al principio, a Carson no le fue bien en la escuela, pero su madre se negó a aceptar su fracaso. Apagó el televisor. Insistió en que él le leyera libros y le escribiera informes, aunque ella misma no supiera leer. Una vez que empezó a trabajar con dedicación en la escuela, las cosas comenzaron a cambiar para Carson.

Él siempre consideró que su madre fue quien le enseñó a esmerarse por alcanzar el éxito. Pero Carson sabía muy poco acerca de sus antepasados. ¿Había registros que documentaban quiénes eran?

El profesor Gates comenzó a buscar pistas, comenzando con tareas de detective típicas. Escuchó historias de familia, buscó fotografías antiguas y revisó registros viejos y enmohecidos, incluyendo los de las ventas de esclavos. Incluso encontró una fotografía del abuelo materno de Carson.

Usando los registros públicos, Gates también rastreó la familia de Carson hasta la plantación de unos ricos propietarios blancos. Vivieron en Georgia en el siglo XIX. ¿Su apellido? Copeland, igual que la madre de Carson.

Descubrimiento sorprendente.
¡En este documento de 1870, es posible que el profesor Gates haya encontrado el tatara-tatarabuelo de Ben Carson!

Agallas de verdad

Entonces, Gates encontró un documento sorprendente. Mostraba cómo la familia blanca Copeland había dividido sus propiedades después de la muerte de William Copeland padre, en 1859. Había seres humanos entre esas propiedades. El registro mostraba que un niño de 2 o 3 años de edad había sido enviado lejos de su familia y su hogar. El nombre del niño era John H. Copeland. ¡Era el bisabuelo de Carson!

¿Qué pasó con ese niño? Muchas familias de esclavos que fueron separadas nunca se volvieron a ver. ¿Conduciría esta pista finalmente a un callejón sin salida?

Sorprendentemente, Gates volvió a encontrar el nombre de John. Esta vez fue en el **censo** de 1870, un conteo oficial de todos los habitantes de EE.UU. John tenía unos 12 años más o menos, y la esclavitud ya había terminado. Sin embargo, había una sorpresa mayor aún. El nombre de John había sido listado junto con el de su madre. De alguna manera había logrado regresar a su familia.

"Era un niño muy tenaz", dice Gates con admiración. ¿Cuál fue la reacción de Carson frente a la resolución de su bisabuelo? "¡Increíble!", dijo. "Tal vez mi madre haya sacado esa característica de él".

Regreso a África

El censo de 1870 escondía otra sorpresa. Aparecía en la lista un hombre de 100 años llamado James Ash, que vivía cerca de India Ash, la bisabuela de Carson. El lugar de nacimiento de James Ash aparecía como África.

¡Gates descubrió que Ash podía ser el tatara-tatarabuelo de Carson! Su búsqueda los había conducido directamente a África. Es muy raro encontrar evidencia escrita de un antepasado que nació en África y que fue vendido como esclavo. Para Carson, aquí es donde terminaron las evidencias escritas. Sin embargo, Gates tenía una manera más de localizar a la familia de Carson: por medio de la ciencia.

En el laboratorio

¿Recuerdas cuando te miraste en el espejo? Si tienes los ojos de tu abuela es gracias al ADN, que contiene los **genes**. Este es el conjunto exclusivo y único de instrucciones que tiene nuestro cuerpo; que incluyen la forma en que nos vemos. Puesto que los genes se transmiten de generación en generación, una prueba de ADN puede decirnos de qué parte del mundo provienen nuestros ancestros.

A través de pruebas de ADN, Gates encontró que los antepasados de Carson procedían de diferentes partes de África, entre ellas Camerún, Nigeria y Kenia. Aprender sobre las historias de familia "me hace sentir conectado", dice Carson.

¡Ahora es tu turno!

"Es maravilloso saber de dónde viene uno", dice Carson. Ahora tiene una copia de su árbol genealógico colgado en su casa.

Tú también puedes aprender acerca de tu pasado, al igual que Carson. Quizá te enteres de que la madre de tu madre dirigía una granja en Alabama, o tal vez que tu bisabuelo trabajó en el puente Golden Gate. Después de investigar tu historia familiar, puedes hacer un árbol genealógico o un libro de recuerdos.

Comienza por hacerles preguntas, muchas preguntas, a los familiares que conoces. ¿Quiénes fueron las abuelas de tu madre? ¿Dónde vivieron? Mientras hablas con ellos, toma notas. Separa una sección para cada persona. Esto te ayudará a organizar la información. Asegúrate de escribir los nombres, las fechas o los lugares que se mencionen. También puedes grabar las conversaciones en cinta de video o de audio.

Rastrea tus raíces.
El árbol genealógico muestra el parentesco que existe entre las personas. Cada cuadro representa a un miembro de la familia.

Investigación

Una vez que hayas hablado con los miembros de tu familia, comienza a armar el rompecabezas. Dibuja un árbol, como el de abajo. Escribe tu nombre en la parte superior y llena la información hacia abajo comenzando con tus padres, abuelos y bisabuelos.

¿Tu árbol tiene casillas en blanco? ¡No te preocupes! Ahora comienza el trabajo de detective. Ve a una biblioteca y haz una búsqueda de los nombres de la familia en periódicos viejos. Visita la municipalidad y revisa los registros públicos. También puedes buscar en Internet. Utiliza una carpeta para guardar las cartas y las fotografías de familia.

Recuerda, un detective siempre está buscando pistas. Si encuentras una vieja carta de familia, fíjate dónde y cuándo fue enviada. Entonces sabrás dónde estaban esos dos familiares en ese momento dado. Esos lugares podrían conducir a más pistas. Poco a poco, podrás descubrir la historia de tu familia.

Madre

Abuela   **Abuelo**

Bisabuela   Bisabuelo   Bisabuela   Bisabuelo

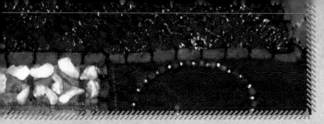

Comparte historias

Los árboles genealógicos son una de muchas maneras de conocer y celebrar el pasado de tu familia. También puedes hacer un libro de recuerdos lleno de recordatorios divertidos, fotos y otros elementos.

Comienza por crear una página para cada uno de tus parientes. Pide a cada persona que escriba acerca de una historia de la infancia o algún recuerdo favorito. Decora el libro con fotos de la familia, recortes de periódicos, suvenires y dibujos.

Continúa llenando el libro de recuerdos a medida que reúnas más fotos e historias. En la próxima reunión familiar, pasa el libro de recuerdos para que todos lo puedan disfrutar. Invita a los parientes a añadir algunos toques más personales. ¡Verás que tu libro de recuerdos generará grandes conversaciones!

Celebración

Contar historias mantendrá viva tu historia familiar. Planea reuniones familiares donde puedas intercambiar historias y anécdotas. Pueden reírse de la vez que el bisabuelo Max ganó el concurso de comer pasteles u oír historias como la del día en el que la abuela Sylvia se graduó en la universidad.

Honra a los parientes que ya no están vivos dejando un lugar vacío en la mesa. Comparte una historia sobre ellos antes de empezar a comer. También puedes comenzar un boletín de noticias familiar donde cuentas los últimos trucos que aprendió tu perro o el recital de piano de tu hermana. Túrnense para escribir el boletín, para que todos puedan colaborar.

La próxima vez que te mires en el espejo, tómate un momento para pensar en la abuela que te "dio" esos ojos. Gracias a tu excelente trabajo de detective, ¡ahora ya sabes un poco más sobre ella!

Vocabulario

censo: conteo oficial de cada persona que vive en un país

gen: parte de una célula que se pasa de padres a hijos y que determina su apariencia física

genealogía: estudio de la historia familiar

[Diagrama de árbol genealógico]

í

Padre

Abuela — Abuelo

Bisabuela — Bisabuelo — Bisabuela — Bisabuelo

Una nación de nombres

¿De dónde vienen los antepasados de millones de estadounidenses? Este mapa muestra la distribución de los apellidos comunes en los Estados Unidos. Da una idea de los orígenes de muchas familias estadounidenses.

Para crear el mapa, los geógrafos buscaron en las guías telefónicas para encontrar los apellidos en cada estado. Luego utilizaron programas de software para identificar de qué partes del mundo procedían los nombres.

El apellido Smith, que vino de Inglaterra, es el apellido más común en los Estados Unidos. ¿Cuáles son los orígenes de los otros nombres? ¿Puedes encontrar tu nombre?

Cerca de la frontera con México los apellidos tienen origen español.

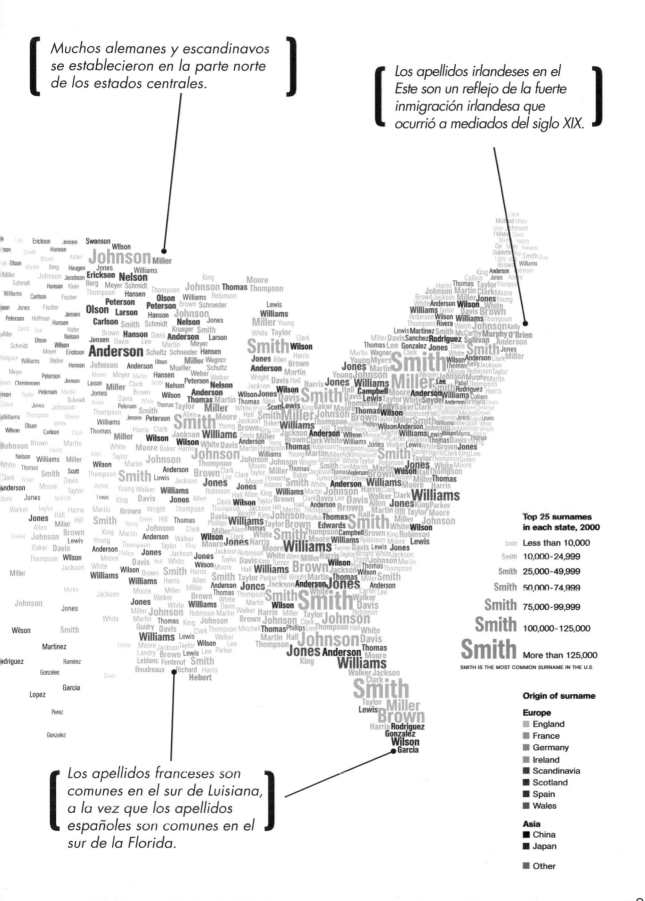

Muchos alemanes y escandinavos se establecieron en la parte norte de los estados centrales.

Los apellidos irlandeses en el Este son un reflejo de la fuerte inmigración irlandesa que ocurrió a mediados del siglo XIX.

Los apellidos franceses son comunes en el sur de Luisiana, a la vez que los apellidos españoles son comunes en el sur de la Florida.

Top 25 surnames in each state, 2000

Smith — Less than 10,000
Smith — 10,000–24,999
Smith — 25,000–49,999
Smith — 50,000–74,999
Smith — 75,000–99,999
Smith — 100,000–125,000
Smith — More than 125,000

SMITH IS THE MOST COMMON SURNAME IN THE U.S.

Origin of surname

Europe
- England
- France
- Germany
- Ireland
- Scandinavia
- Scotland
- Spain
- Wales

Asia
- China
- Japan

- Other

Cuando la gente viene a los Estados Unidos, trae consigo más que sus nombres. También trae una riqueza en tradiciones. Aquí hay cuatro nombres tomados del mapa que está en las páginas 8 y 9 y algunas tradiciones que ayudan a enriquecer la vida en los Estados Unidos.

La danza del dragón. *El dragón se retuerce por las calles durante el desfile del Año Nuevo Chino en San Francisco.*

Lee: CHINO

Para muchos chinos, el Año Nuevo es la fiesta más importante del año. Es un momento en el que la familia y los amigos se reúnen para dar la bienvenida al nuevo año.

La gente barre el viejo año, ¡literalmente! Limpian sus casas de arriba a abajo para "sacar" el pasado. También ponen sus finanzas en orden para acabar con todas las viejas deudas.

Los estadounidenses de origen chino celebran el Año Nuevo chino en enero o febrero. Uno de los eventos más importantes es el desfile del dragón. En China, el dragón es un símbolo de fuerza y buena suerte.

Durante el desfile, un dragón largo y colorido danza por las calles de la ciudad. Zumban y explotan los petardos. ¡Se supone que mantienen al dragón, que se pasa la mayor parte del año durmiendo, despierto durante la celebración!

Celebración de verano. *Los niños de Lindsborg, Kansas, bailan para celebrar los días cálidos de verano.*

Anderson: ESCANDINAVO

A todo el mundo le gustan los largos y cálidos días de verano, pero estos son especialmente populares en países como Suecia, Noruega y Dinamarca. En esa parte del mundo, los días de invierno son muy cortos, por lo que el verano es, en verdad, muy bien recibido.

De hecho, el verano es tan bien recibido en los países escandinavos que las personas tradicionalmente lo celebran en un festival de verano. Se lleva a cabo a finales de junio, cuando los días son largos y las noches son cortas.

Los estadounidenses de origen escandinavo continúan con esta tradición. Las personas se visten de coloridos trajes típicos. Algunas mujeres usan coronas de flores frescas en el cabello. Los bailarines se toman de la mano mientras cantan alrededor del árbol de mayo, un poste alto decorado con hojas y flores.

POR ELIZABETH SENGEL

Smith: AFROAMERICANO

Muchos afroamericanos se cambiaron de nombre, como Smith, cuando llegaron a los Estados Unidos. Y aunque no mantuvieron sus nombres originales, nunca olvidaron las habilidades y costumbres de su antiguo hogar.

Por ejemplo, el gran legado de trabajo textil en África ha llevado a la creación de muchas hermosas colchas afroamericanas en los Estados Unidos. Estas colchas suelen presentar estampados de grandes figuras de colores fuertes, un reflejo de sus raíces africanas. En África, las telas se hacen con diseños grandes y colores brillantes, lo que permite a la gente utilizar los patrones de la tela para reconocerse entre sí a grandes distancias.

Las mujeres afroamericanas crean estas colchas por muchas razones. Las usan para calentarse, para recordar a los familiares que han perdido e incluso para contar historias.

Colchas recordatorias. *Esta colcha recordatoria afroamericana se encuentra en el Museo de Bellas Artes de Boston, Massachusetts.*

García: MEXICANO

El rasgueo de las guitarras. Las dulces melodías de los violines. El estruendo de las trompetas. ¿Qué es ese sonido? ¡Mariachis!

La música de mariachi que conocemos hoy en día tiene su inicio en el siglo XIX, en el estado mexicano de Jalisco. Hoy en día es popular en todo Estados Unidos. Los estadounidenses de origen mexicano (y muchos otros aficionados) se unen a bandas para tocar música de mariachi en festivales, conciertos y desfiles en todo el país.

Las bandas de mariachis están formadas por varios músicos. Estos usan sombreros de ala ancha llamados sombreros de mariachi o de charro, trajes adornados de vaquero y botas. Las canciones que cantan están llenas de emoción. Muchas de las canciones de mariachi expresan sus sentimientos sobre el amor o la nostalgia.

Melodías mariachi *Los mariachis tocan música con violines en San Antonio, Texas.*

Enfoque en la
FAMILIA

Responde estas preguntas para celebrar la importancia de las tradiciones familiares.

1 ¿En qué sentido se parece un genealogista a un detective?

2 ¿Qué medidas tomó el profesor Gates para investigar la historia de familia del Dr. Ben Carson?

3 ¿Qué eventos ocurrieron en la vida de John Copeland, el bisabuelo de Ben Carson? Haz una lista en orden cronológico.

4 Elige una de las tradiciones de familia mencionadas en el artículo. ¿Cómo refleja esta tradición la historia familiar?

5 ¿Por qué es importante celebrar las historias familiares, los nombres y las tradiciones?